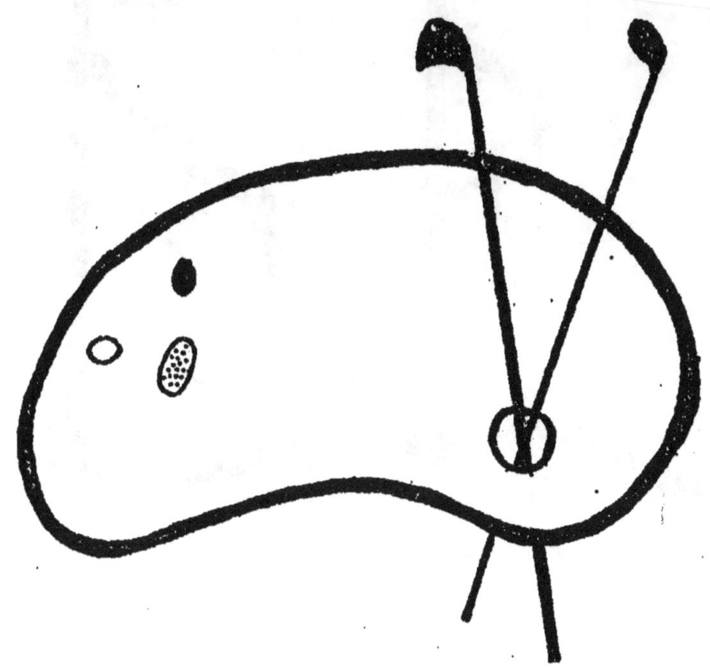

DEBUT D'UNE SERIE DE DOCUMENTS
EN COULEUR

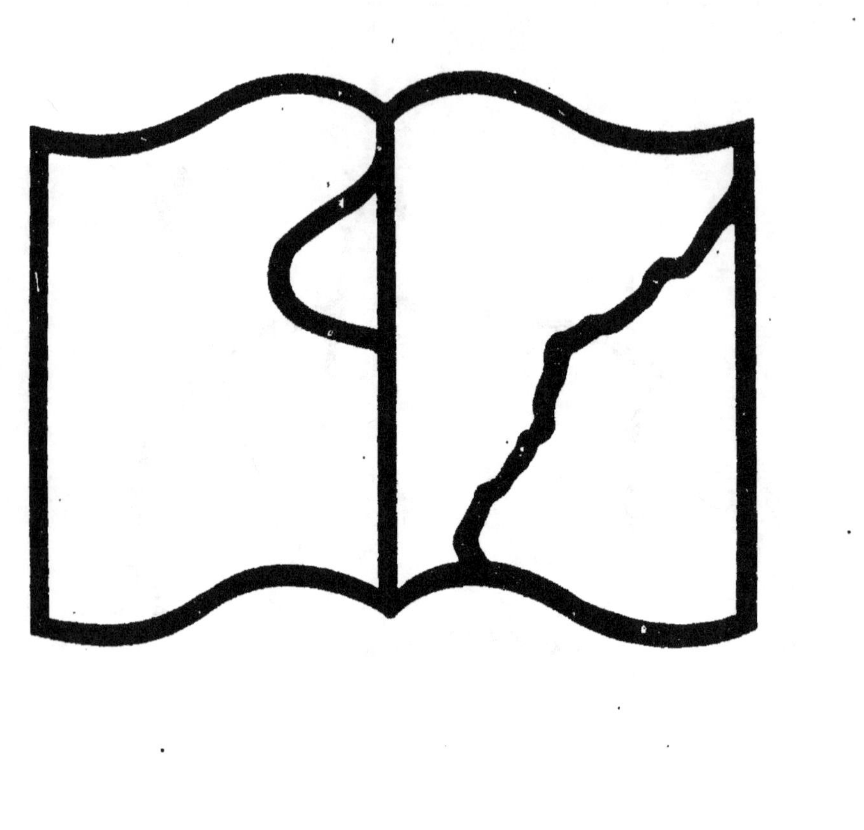

VALABLE POUR TOUT OU PARTIE DU
DOCUMENT REPRODUIT

SCIENCE ET RELIGION

Nouvelles Études

FAUT-IL UNE RELIGION ?

PAR

M. l'abbé GUYOT

Curé-doyen de Gérardmer, docteur en théologie et en droit canon
ancien professeur de théologie, chanoine honoraire de St-Dié,
auteur du « *Cours supérieur de Science religieuse* »
et du « *Cours élémentaire de Science religieuse* ».

PARIS

LIBRAIRIE BLOUD ET BARRAL

4, RUE MADAME ET RUE DE RENNES, 59

1897

SCIENCE ET RELIGION

NOUVELLES ÉTUDES PHILOSOPHIQUES, SCIENTIFIQUES ET RELIGIEUSES

Collection de vol. in-12 de 64 pages *compactes*

Prix : **0** fr. **60** le vol.

Depuis longtemps les ennemis de la religion ne cessent de faire retentir dans tous les organes dont ils disposent : livres, journaux, revues, brochures, ce qu'ils appellent les « RÉSULTATS CERTAINS DE LA SCIENCE MODERNE » avec la conclusion clairement exprimée ou perfidement sous-entendue qu'il y a DÉSACCORD entre ces *résultats* et les *affirmations de la Foi.*

Nos savants catholiques n'ont pas manqué de répondre. L'ont-ils toujours fait de manière à rester facilement *accessibles à toutes les classes de lecteurs ?*

De nombreux et volumineux ouvrages d'apologétique ont été publiés mais précisément la méthode apologétique et le mot lui-même ne sont-ils pas dès l'abord suspects aux *incrédules* et même aux *indifférents* ? De l'examen de ces inconvénients est née l'idée d'une *collection* où les mêmes vérités seraient exposées dans le même but, mais sous une forme plus concise, plus claire, plus attractive, plus compréhensible pour tous quoique très particulièrement *scientifique.*

Notre Bibliothèque des *Nouvelles études* sera RELIGIEUSE : sur tous les points l'enseignement catholique est le phare dont nous suivrons la lumière

Mais elle sera en même temps et AVANT TOUT *une bibliothèque* PHILO-SOPHIQUE *et* SCIENTIFIQUE *destinée à faire connaître les principales manifestations de la pensée humaine dans la recherche de la vérité.*

Aussi ne s'interdira-t-elle pas l'exposé des solutions personnelles, originales. Elle comportera nombre de sujets qui n'intéressent que de loin la foi ou lui sont même étrangers. *Par là elle contribuera,* nous l'espérons, *à développer chez nos lecteurs l'esprit philosophique, les initiera et les habituera aux méthodes des sciences, aux procédés tout modernes de la critique historique ou de la philologie.*

Chacune de nos monographies aura pour but de faire connaître, sur chaque sujet, l'état actuel précis de la question et de donner le dernier mot de la science.

Aux gens du monde loyaux et consciencieux trop souvent arrêtés par les

bjections spécieuses comme devant d'inexplicables énigmes ; aux jeunes
gens désireux d'approfondir la science de la foi ; aux conférenciers, prédi-
cateurs, professeurs astreints à des recherches longues et fatigantes ; aux
prêtres toujours désireux de faire lire des ouvrages vraiment remar-
quables, intéressant la défense de la Religion, n'est-ce pas rendre service
de présenter, dans une série de TRAITÉS SUBSTANTIELS et SUGGESTIFS, les
principales vérités philosophiques, historiques et religieuses?

Ajoutons que la publication de notre Bibliothèque par opuscules vendus
séparément, *à un prix modique*, rendra facile à chacun la formation lente
et successive d'une précieuse encyclopédie *scientifique*.

Pour réaliser ce programme, d'éminents collaborateurs ont bien voulu
nous assurer leur concours. Parmi eux nous citerons : MM. GONDAL et
GUIBERT, professeurs à St-Sulpice, le R. P. de la BARRE, M. l'abbé PISANI,
professeurs à l'Institut catholique de Paris, le R. P. ORTOLAN, M. l'abbé
CONSTANT, (tous deux) lauréats de l'Institut catholique de Paris, M. l'abbé
THOMAS, vicaire général de Verdun, M. GUYOT, *auteur de la Raison
conduisant l'homme à la Foi*, M. G. FONSEGRIVE, G. ROMAIN, P. COUR-
..., ancien élève de l'Ecole polytechnique, JEANNIARD DU DOT, etc.

Cette liste est destinée à s'allonger ; bientôt s'y ajouteront, nous en
avons la promesse, les noms des personnes si autorisées qui, dès la première heure ont bien voulu accorder à notre projet les plus honorables et
les plus flatteurs encouragements.

En contribuant ainsi dans la mesure de nos forces à l'union de l'esprit
scientifique et de l'esprit de foi, nous répondons aux besoins de l'époque et
à la pensée du Pape Léon XIII dont la grande voix s'est si souvent élevée pour recommander aux catholiques de se servir des connaissances et
les méthodes scientifiques pour la défense de leur foi.

Voici une première liste des ouvrages parus ou à paraître incessamment :

— Certitudes scientifiques et Certitudes philosophiques par le
R. P. de la BARRE S. J. professeur à l'Institut catholique de Paris. **1 vol.**

— L'Ame de l'homme par J. GUIBERT prêtre de St.-Sulpice, professeur de sciences naturelles (maison d'Issy). **1 vol.**

— Faut-il une religion ? par M. l'abbé GUYOT, curé-doyen de Gérardmer, docteur en théologie et en droit canon, ancien professeur de théologie. **1 vol.**

**— *Du même auteur* : Pourquoi y a-t-il des hommes qui ne pro-
fessent aucune religion ?** **1 vol.**

**— Etudes sur la Pluralité des mondes habités et le dogme de
l'Incarnation** par le R. P. ORTOLAN, docteur en théologie et en droit
canonique, lauréat de l'Institut catholique de Paris, membre de l'académie de Saint Raymond de Pennafort. **3 vol.**

I. — *L'Épanouissement de la vie organique à travers les plaines de
l'infini.* **1 vol.**
II. — *Soleils et terres célestes.* **1 vol.**
III. — *Les Humanités astrales, et l'Incarnation.* **1 vol.**

Chaque vol. se vend séparément.

— **L'Au-delà ou la Vie future d'après la foi et la science** par M. l'abbé J. Laxenaire, docteur en théologie et en droit canon et de l'Académie de St Thomas d'Aquin, professeur au grand séminaire de St-Dié.   **1 vol.**

— **Le Mystère de l'Eucharistie. — Aperçu scientifique** par M. l'abbé Constant, docteur en théologie, lauréat de l'Institut catholique de Paris.   **1 vol.**

— **L'Eglise catholique et les Protestants** par G. Romain auteur de : *L'Eglise et la Liberté, Le Moyen Age fut-il une époque de ténèbres, de servitude ?*   **1 vol.**

— **Mahomet et son œuvre** par I. L. Gondal professeur d'éloquence au séminaire Saint-Sulpice.   **1 vol.**

— **Christianisme et Bouddhisme** (*Études orientales*) par M. l'abbé Thomas, vicaire général de Verdun.   **2 vol.**

L'ouvrage est divisé en deux parties dont aucune ne se vend séparément.

Première partie : *Le Bouddhisme.*

Deuxième partie : *le Bouddhisme dans ses rapports avec le christianisme. — Ascétisme oriental et ascétisme chrétien.*

— **Où en est l'Hypnotisme**, son histoire, sa nature, et ses dangers par A. Jeanniard du Dot, auteur du *Spiritisme dévoilé.*   **1 vol.**

— *Du même auteur :* **Où en est le Spiritisme**, sa nature et ses dangers.   **1 vol.**

— **Nécessité scientifique de l'existence de Dieu**, par Pierre Courbet, ancien élève de l'Ecole Polytechnique. — in-18 raisin de 72 pages. — Prix, 0 fr. 60.

— *Du même auteur :* **Jésus-Christ**, in-18 raisin de 72 pages. — Prix, 0 fr. 60.

Ces deux derniers opuscules, parus il y a environ un an, sont édité exceptionnellement dans le format in-18 raisin. Leur succès considérabl et si encourageant a déterminé la création définitive de la bibliothèqu des *Nouvelles Etudes.*

Dans le premier l'auteur expose, d'une manière brève mais très serrée les preuves les plus décisives de cette affirmation que l'existence de Die est une vérité mathématique et le dernier mot de la science moderne Dans le second, **Jésus-Christ**, M. P. Courbet continue son exposé ratio nel et logique des fondements de la foi chrétienne. Après avoir démont par des preuves uniquement scientifiques que Dieu existe, il en déduit qu Jésus-Christ est Dieu.

CITEAUX. — IMP. GUILLERMAIN.

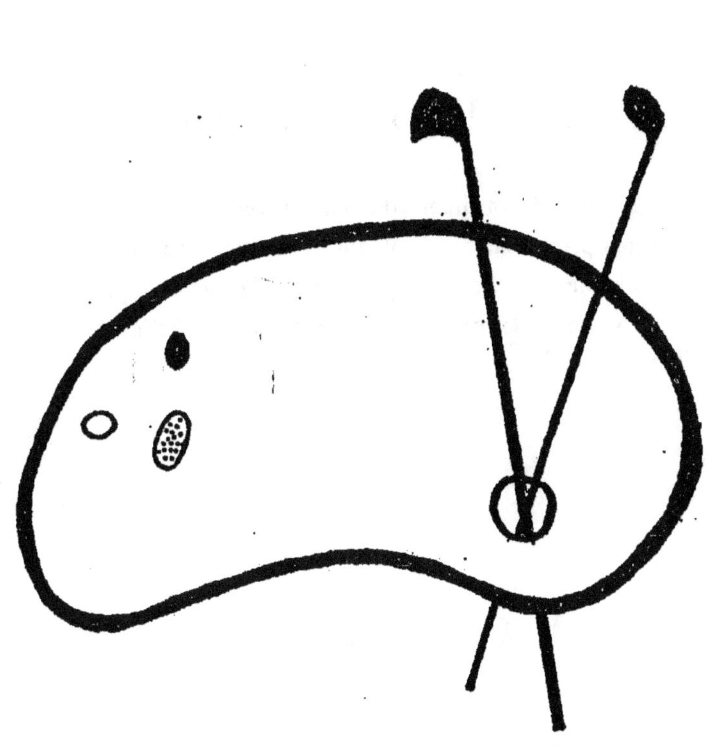

**FIN D'UNE SERIE DE DOCUMENTS
EN COULEUR**

FAUT-IL UNE RELIGION ?

PAR

M. l'abbé GUYOT

Curé-doyen de Gérardmer, docteur en théologie et en droit canon
ancien professeur de théologie, chanoine honoraire de St-Dié,
auteur du « *Cours supérieur de Science religieuse* »
et du « *Cours élémentaire de Science religieuse* ».

Imprimatur :

Sancti Deodati, 19ª Julii 1897.

ALPHONSUS GABRIEL episc. Sancti Deodati.

FAUT-IL UNE RELIGION ?

CHAPITRE I.

QU'EST-CE QUE LA RELIGION ?

La religion est un commerce libre et efficace de l'homme avec Dieu. — Elle est une science et la première des sciences. — Elle est aussi une vertu. — La religion est intérieure et extérieure, naturelle et surnaturelle.

La religion, envisagée dans sa signification la plus étendue, telle que les peuples l'ont comprise, est un ensemble de relations libres et efficaces entre l'homme et Dieu. Tout ce qui se rapporte à ces communications est religieux ; tout ce qui s'en éloigne ne revêt pas ce caractère.

Si ces relations n'étaient pas libres, si elles étaient le résultat d'une nécessité fatale, quelle gloire en reviendrait au Créateur ? Où serait l'hommage digne de Dieu, si les hommes en l'honorant n'étaient que des esclaves courbés sous sa puissance ? Et, comme c'est par la religion que l'homme atteint ses desti-nées, comment, arrivé à sa fin dernière, pourrait-il se rendre ce glorieux témoignage : Ce bonheur dont je jouis, je l'ai mérité ; c'est le résultat de mes efforts, c'est l'œuvre de ma vie, c'est une victoire vaillamment et librement remportée ? Non, des rapports entre l'homme et Dieu qui ne porteraient pas l'empreinte d'actes libres, ne seraient dignes ni du Créateur ni de celui qu'il fit le Pontife du monde visible.

La véritable religion doit être efficace. Dès qu'elle nous met en communication avec celui qui est la source de toute beauté et de toute perfection, elle doit nous grandir et nous transformer. Si la société d'une âme d'élite nous élève et nous améliore, comment le commerce de Dieu avec nous resterait-il stérile ? Pourquoi l'effet ne répondrait-il pas à la cause ? Ce serait inexplicable. Aussi tous les grands esprits se sont plu à constater que la religion est la force motrice de l'humanité. Cicéron disait : « Tout se meut par la religion, *omnia religione moventur.* » —

La religion, ce commerce libre et efficace qui existe entre l'homme et Dieu, consiste en des relations d'intelligence et de cœur, dans un ensemble de vérités et de devoirs, qui unissent la créature intelligente au Créateur. Quels autres rapports pourrait-on concevoir entre un être raisonnable et Dieu, pur esprit ?

Considérée dans l'âme humaine, ce sujet où elle repose, la religion est d'abord une manifestation de Dieu à notre entendement : elle doit nous éclairer, avant d'agir sur notre volonté. Mais il importe de remarquer qu'en prenant possession de notre intelligence la vérité religieuse y revêt une double forme, la forme de la foi et la forme de la science. Elle ne nous présente pas, comme les sciences humaines, ses premiers principes rayonnants de l'éclat de l'évidence ; mais elle vient appuyée sur un témoignage irrécusable, le témoignage de Dieu ; elle ne s'impose pas, mais, en soumettant ses titres à notre confiance, elle sollicite notre libre assentiment aux mystères qu'elle nous propose. On se récrie contre ce défaut d'évidence propre aux vérités religieuses ; mais pourrait-il en être autrement ? La religion serait-elle encore un commerce libre de notre âme avec Dieu, si elle emportait notre assentiment par la force de l'évidence ? Comme la colonne de nuées et de lumière du désert, elle doit être obscure par un côté, pour faire de notre adhésion un acte méritoire ; elle doit être claire par l'autre, pour en faire un acte raisonnable.

La foi, une foi raisonnée, est donc une condition préalable, si l'on veut pénétrer dans le sanctuaire du dogme religieux et en acquérir une connaissance approfondie. Mais, lorsque la foi a rempli son rôle, celui de la science commence. L'intelligence, après s'être courbée sous l'autorité de Dieu par l'acte de foi, se relève et s'empresse de contempler ces hautes vérités auxquelles elle a librement adhéré ; elle les scrute ; elle recherche leurs analogies avec les vérités de l'ordre naturel, et, heureuse de ses découvertes, elle constate avec joie que l'affirmation religieuse s'accorde toujours avec la formule scientifique. Comme toute science, la théologie déduit des conclusions de ses principes, et, recherchant le lien logique qui unit ces vérités entre elles, elle forme cette vaste synthèse, ce bel édifice doctrinal, que nous admirons dans la Somme de saint Thomas d'Aquin.

La science religieuse est même considérée comme la première des sciences. C'est, en effet, la plus élevée, la plus étendue, celle qui projette ses lumières sur toutes les autres. C'est la science religieuse qui donne la raison dernière de toutes choses, qui affirme les grands principes et les lois générales qui touchent à tout, en nous révélant la cause première des êtres, leur fin dernière et leur modèle, ou leur cause exemplaire.

« Il est surprenant », écrivait un libre-penseur, « qu'au fond de notre politique nous trouvions toujours la théologie (1) ». Il eût parlé plus exactement, s'il eût dit : Il serait surprenant si, au fond de toutes les sciences, nous ne rencontrions pas la science de Dieu, puisque c'est elle qui nous fait connaître les causes les plus élevées de tout ce qui existe. Comme

____

(1) Proudhon, *Confession d'un révolutionnaire*.

l'infini dont elle est la science, elle est à la base, au centre, au sommet de toutes les investigations scientifiques. Ainsi les sciences humaines sont subordonnées à la théologie; elles doivent s'éclairer à son flambeau, si elles veulent progresser. « Plus la théologie est parfaite dans un pays », dit un célèbre écrivain (1), « plus il est fécond en véritable science. Voilà pourquoi les nations chrétiennes ont surpassé toutes les autres dans les sciences, et pourquoi les Indiens et les Chinois, avec leur science trop vantée, ne nous atteindront jamais, tant que nous demeurerons respectivement ce que nous sommes. *Copernic, Kepler, Descartes, Newton, les Bernouilly*, etc., sont des productions de l'Evangile ». Et si, pour examiner la question sous toutes ses faces, nous demandions à nos savants modernes, qui se glorifient d'être athées, ce qu'ils ont fait des plus importantes de toutes les sciences humaines, de la philosophie, de la physiologie, de la critique, de l'art médical, que pourraient-ils répondre? S'ils étaient sincères, ne devraient-ils pas avouer qu'au lieu de les faire progresser, ils les ont fait rétrograder de plusieurs siècles, parce qu'ils les ont isolées de la science qui doit les éclairer dans leur marche, la théologie (2) ?

La religion n'est pas seulement une manifestation de Dieu à notre intelligence sous la forme de la foi et

(1) De Maistre, *Examen de la philosophie de Bacon.*
(2) P. Félix, 1868.

de la science ; elle est aussi une transformation de
notre cœur. Dès que la religion est un commerce
efficace de l'âme avec Dieu, ne faut-il pas que l'action divine produise son effet sur notre volonté ?
N'est-ce pas la volonté qui est le grand ressort de la
vie humaine, ce qui donne l'impulsion à toutes nos
opérations, ce qui produit nos actes libres et raisonnables ? On l'a dit très judicieusement : La volonté,
c'est l'homme. Mais perfectionner cette volonté puis-
sante, l'élever au-dessus d'elle-même, en la rendant
participante de la sainteté de Dieu, est une œuvre
aussi difficile qu'importante. Etre religieux, rendre
à Dieu les hommages qu'il exige, s'améliorer jusqu'à
se diviniser, suppose une lutte incessante et redou-
table contre la corruption du cœur et l'appétit insatiable des sens.

On n'est pas religieux par tempérament et par
aptitude naturelle, comme on est mathématicien ; on
est religieux par les victoires que l'on remporte sur
soi-même. Voilà pourquoi la religion, considérée en
tant qu'elle est dans notre volonté, est appelée une
vertu ou une force, qui nous dispose à rendre nos
devoirs à Dieu. Voilà ce qui nous explique la multi-
plicité des religions, pourquoi dans tous les temps
il y a eu des hommes qui, ne se sentant pas le cou-
rage de remplir les devoirs de la vraie religion, ont
inventé des cultes faciles et faux ; ce qui nous donne
la raison d'un autre fait moins commun, mais non
moins réel, de l'irréligion, cette rupture de tout

commerce entre l'homme et Dieu. On se soustrait au joug de la religion, parce qu'on ne veut pas se faire violence, parce qu'on ne veut pas du frein qu'elle impose aux passions humaines.

II.

Pour connaître plus intimement la nature de la religion, il importe, après en avoir donné la définition, de distinguer les divers aspects sous lesquels elle peut se présenter à celui qui veut en faire une étude sérieuse.

Les rapports invisibles de l'âme avec Dieu, les actes intimes d'adoration, de reconnaissance et d'amour qu'elle lui rend, constituent la religion ou le culte intérieur. Lorsque ces hommages sont exprimés au dehors par des actes sensibles, ils forment la religion ou le culte extérieur.

Cette manifestation visible présuppose l'existence du culte intérieur, sinon elle ne serait qu'une vile hypocrisie, une religion mensongère.

Mais ce qui demande une exposition claire et précise, ce sont les notions de religion naturelle et de religion surnaturelle. Les sophistes contemporains ont obscurci cette question ; ils ont prétendu que la religion naturelle suffit à l'homme, que le surnaturel est imaginaire, impossible, absurde. En propageant ces fausses doctrines, ils ignorent ou feignent d'ignorer ce qu'il faut entendre par religion naturelle et par religion surnaturelle. Nous allons leur rappeler l'enseignement des grands docteurs à ce sujet.

Connaître, aimer et honorer Dieu est la fin dernière de tout être intelligent ; le Créateur devait nous la proposer et ne pouvait nous en proposer d'autre. Faire connaître, aimer et honorer Dieu est le but de la religion. Or, Dieu peut se manifester à l'homme de deux manières : indirectement, dans le spectacle de la création ; directement, tel qu'il est en lui-même. Lorsque, contemplant les œuvres divines, nous nous élevons, par la pensée et par le cœur, de l'effet à la cause, du monde visible à la cause première ; lorsque nous adorons l'artiste puissant qui a fait l'univers et nous a faits nous-mêmes chefs-d'œuvre de sa bonté, cette vue indirecte de Dieu à travers les ombres de la création et à la lumière vacillante de notre raison, cet amour du principe invisible des êtres, ces hommages d'adoration et de reconnaissance que nous lui rendons, voilà ce qui constitue la religion naturelle. Ce commerce de notre âme avec Dieu est appelé naturel, parce que nous pouvons l'entretenir par les seules forces de notre nature.

Si Dieu daigne nous appeler à le connaître, non seulement comme nous connaissons l'intelligence et le talent d'un artiste en étudiant ses œuvres, mais à le connaître en lui-même, dans sa vie intime ; s'il veut que nous l'aimions, non seulement de cet amour qui provient de la vue des biens visibles dont il est l'auteur, mais d'un amour qui jaillit de la contemplation anticipée de sa beauté personnelle ; s'il demande que nous entretenions avec lui les rapports familiers d'un fils avec son père ; si, dès lors, il descend jusqu'à nous, nous révélant par sa parole ce qu'il est en lui-même, l'ensemble de ces relations et des moyens qui nous sont donnés pour les entretenir, voilà la religion surnaturelle. C'est à juste titre qu'on l'appelle surnaturelle ; car elle surpasse l'exigence et les forces de notre nature et de toute nature créée. Comment, en effet, une créature finie pourrait-elle aspirer à une fin qui n'est propre et naturelle qu'à celui qui est l'infini ?

Ainsi la religion naturelle résulte de la constitution de notre nature intelligente et finie ; la religion surnaturelle, qui présuppose la religion naturelle et la perfectionne, sans la détruire, est le don le plus parfait et le plus gratuit que Dieu ait pu nous accorder : c'est une participation de la vie divine.

CHAPITRE II.

FAUT-IL UNE RELIGION ?

La religion est nécessaire à l'homme. Cette nécessité découle de la nature de l'homme, de la notion d'un Dieu créateur. — C'est la religion qui perfectionne l'homme, révèle sa dignité et le dirige dans la voie du bonheur. — La religion est nécessaire à la société; c'est la religion qui imprime à l'autorité un caractère sacré, justifie et ennoblit l'obéissance, donne aux lois tout leur empire, en les présentant comme des règles de conscience et en leur donnant une sanction efficace. — Aussi jusqu'alors aucun peuple n'avait séparé la religion de l'Etat. — La religion, nécessaire à l'homme et à la société, doit être non seulement intérieure, mais encore extérieure, publique, surnaturelle.

La religion, cette communion effective entre l'homme et Dieu, entre la créature intelligente et l'infini qui la pénètre de toute part est une loi de la nature humaine, c'est une passion de l'humanité. En vain le paganisme rejeta le vrai culte qui condamnait ses penchants pervers ; il multiplia les dieux indéfiniment, parce que l'homme a un besoin insatiable de la Divinité. Il serait donc inutile d'établir que la religion nous est nécessaire, si, en même temps qu'elle est une passion, elle n'était aussi une vertu. Comme passion, nous l'acceptons ; comme vertu, nous la redoutons. Afin d'éclairer et de fortifier nos convictions sur l'importance de la religion et de montrer combien sont vains et puérils les sophismes formulés contre cette vérité, nous prouverons que la religion est nécessaire, soit à l'homme, soit à la société ; nous démontrerons ensuite que cette religion, indispensable à l'humanité, doit être extérieure, publique et surnaturelle.

I.

LA RELIGION EST NÉCESSAIRE A L'HOMME.

Dans tous les temps, les peuples ont attesté que la religion est nécessaire à l'homme.

Il existe dans toutes les nations des monuments et des institutions qui révèlent les tendances irrésistibles de la nature humaine. Lorsque nous voyons l'agriculture fleurir partout, aux divers âges du monde, n'avons-nous pas le droit de conclure que l'homme a besoin de pain et des autres produits de la terre ? Les marchés publics, les écoles, les tribunaux ne démontrent-ils pas à tous que nous vivons de commerce, de culture intellectuelle et de justice ? Or, chez les sauvages comme chez les peuples civilisés, dans les îles lointaines comme sur le continent, dans le village le plus obscur comme dans les cités les plus opulentes, dans toutes les régions où pénètre le voyageur, il trouve des temples, des lieux où s'assemblent toutes les classes de la société, pour honorer la Divinité et lui offrir des sacrifices. On avait prétendu que la notion de Dieu, comme celle de la vie future, était inconnue aux Cafres et aux Hottentots. Le plus intrépide explorateur de ces contrées nous dit : « Quelque dégradées que soient ces populations, il n'est pas besoin de les entretenir de l'existence de Dieu, ni de la vie future : ces deux vérités sont universellement reconnues en Afrique... Plus on avance vers le Nord, plus les idées religieuses des naturels sont développées (1) ».

Ces manifestations religieuses existent, non seulement chez les peuples où les cultes faux et superstitieux favorisent les passions humaines, mais encore parmi les nations qui vivent sous la loi austère du Dieu crucifié. Elles revêtent ainsi les caractères d'universalité et de perpétuité qui distinguent les vrais et légitimes besoins de la nature humaine et nous expliquent pourquoi l'homme a pu être défini : Un animal religieux.

On a vu, il est vrai, apparaître l'incrédulité ; mais elle ne s'est montrée qu'aux époques de décadence. Elle n'a été qu'un phénomène anormal et contre

(1) Livingstone.

nature ; elle n'a produit que des apostasies individuelles ; jamais elle ne fut l'expression des sentiments de tout un peuple ; jamais elle ne put parve-
nir aux honneurs de la nationalité.

« Vous trouverez », dit Plutarque, « des villes qui
ne sont point closes de murs, qui n'ont point de
lettres, qui n'ont aucun roi, voire qui n'ont point de
maisons, ni ne se servent point de monnaie, qui ne
savent ce que c'est, de théâtres ni de gymnases ; mais
vous n'en trouverez jamais qui soient sans Dieu, qui
n'aient pas de serment à jurer, qui n'usent point de
prières ni de sacrifices : jamais homme n'en vit, ni
n'en verra jamais ; ainsi il me semble qu'une ville
serait plutôt sans sol que sans religion (1) ».

Nous concluons que la nature de l'homme est
essentiellement religieuse ; qu'elle a besoin de Dieu,
comme elle a besoin de pain ; que les tentatives
d'irréligion faites pour se soustraire à cette loi de
l'humanité, ne sont que des exceptions confirmant
la règle et révélant dans l'homme le triste pouvoir
d'abuser de sa liberté. Voilà ce qui explique comment
on ne peut pas en finir avec la religion, malgré
toutes les passions conjurées contre elle.

*La nécessité de la Religion pour l'homme découle logi-
quement de la notion d'un Dieu créateur.*

Si l'on pouvait raisonnablement défendre l'abjecte
doctrine de l'athéisme ; s'il était vrai que l'univers,

____

(1) *Contr. Colotes,* XLIX.

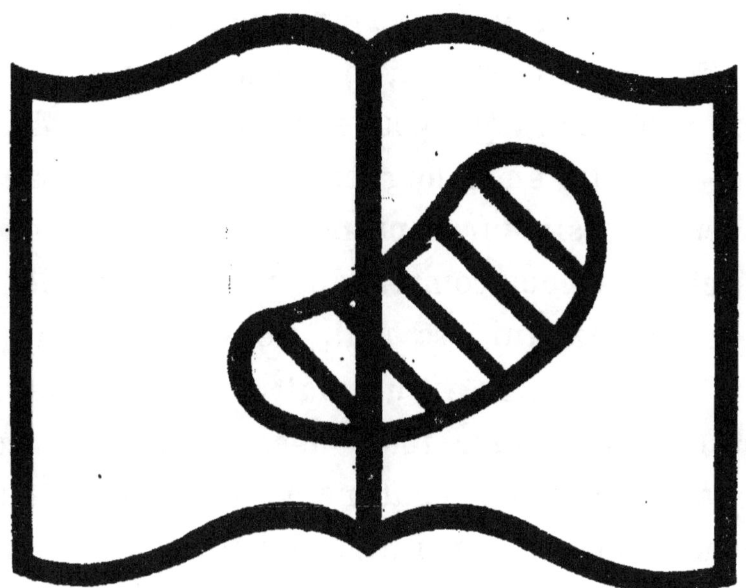

Illisibilité partielle

avec ce qu'il renferme, ne fût que le résultat de combinaisons fortuites de la matière, on comprendrait alors l'inutilité de la religion. Pourquoi un lien qui rattache l'homme à Dieu, si Dieu n'existe pas? Pourquoi rendre des devoirs à un être chimérique? — Mais, s'il y a un Dieu créateur, un Dieu qui nous a communiqué l'existence, ne devons-nous pas lui faire hommage de l'être que nous tenons de lui? S'il y a un Dieu qui, à chaque instant, nous conserve la vie et nous gouverne par sa Providence, ne faut-il pas lui en témoigner notre reconnaissance? S'il y a un législateur suprème qui, par la voix de la conscience, nous commande ce qui est bien et nous défend ce qui est mal, ne devons-nous pas obéir à ses lois? S'il est un maître qui doit dans la vie future nous juger tous, décernant des récompenses à la vertu, des châtiments au vice, ne faut-il pas nous préparer à paraître devant son tribunal? La raison nous dit donc que l'homme est dans un rapport nécessaire et constant de dépendance à l'égard du Créateur; qu'il doit reconnaître cette dépendance, en faisant au souverain Maître l'hommage de son intelligence, de son cœur et de tout son être.

Si l'on objecte que Dieu est infiniment heureux en lui-même, que les hommages des créatures n'ajoutent rien à sa félicité, que leurs blasphèmes ne lui ôtent rien de sa gloire, nous l'avouerons volontiers. Cependant il reste vrai que Dieu n'a pu faire ce qui existe que pour lui seul ; car il était seul, lorsqu'il créa toutes choses ; il se doit tout à lui-même et il ne peut rien devoir qu'à lui. Les créatures sont donc des êtres essentiellement relatifs au Créateur, toutes doivent se rapporter à lui d'une manière conforme à leur nature : les créatures privées de raison se rapportent à lui fatalement ; les créatures raisonnables, librement, par la pensée et par l'amour. Connaître, aimer et servir Dieu, le préférer à tout, tel est le culte que nous devons lui rendre, telle est la fin de l'homme.

Ainsi c'est avec raison que Cicéron définit la religion : « La justice envers la divinité ; *pietas est enim justitia erga Deum* ». Dès lors, si la justice, si l'honnêteté consiste à payer ses dettes et à rendre à chacun ce qu'on lui doit, sont-ils d'honnêtes gens, des gens d'honneur, ces apostats de toute religion, ces indifférents et libres-penseurs qui, non contents de déserter les temples et d'abandonner leurs devoirs envers Dieu, déversent le mépris sur tout ce qui est religieux et blasphèment ce qu'ils devraient adorer ? Que ceux à qui il reste encore un sentiment d'honneur méditent ces paroles que Racine (1) écrivait à son fils : « Je veux me flatter que, faisant votre possible pour devenir un parfait honnête homme, vous concevrez qu'on ne peut l'être sans rendre à Dieu ce qu'on lui doit ».

(1) *Lettres* de Jean Racine.

Qu'ils écoutent encore ce que leur dit Joubert :
« Tous ceux qui manquent de religion sont privés
d'une vertu ; et eussent-ils toutes les autres, ils ne
pourraient être parfaits (1) ».

*La religion est nécessaire à l'homme, parce que c'est elle
qui le perfectionne et révèle sa dignité.*

L'animal ne naît pas perfectible. Soumis à un instinct immuable, il fait aujourd'hui ce qu'il faisait à
l'origine du monde. Le singe n'est pas plus avancé en
civilisation qu'au temps des Mérovingiens ; l'abeille
fait sa ruche comme aux jours où Virgile chantait
son activité et sa vigilance. Comment, en effet, l'animal se sentirait-il porté vers ce qui est plus parfait,
vers ce qui est meilleur, dès qu'il n'a pas l'idéal
et ne saisit pas l'infini ? Aussi vous le voyez vivre
tranquille et sans inquiétude, car l'ennui n'est qu'une
aspiration vers une perfection ou un bonheur que
l'on ne possède pas. Mais l'homme, créé intelligent
et libre, a le regard et le cœur ouverts sur l'infini ;
il a un idéal ; il se sent constamment imparfait ; il
aspire à réaliser l'image d'une perfection qu'il entre-
voit ; il veut marcher à la conquête du vrai, du beau
et du bien. C'est là une tendance irrésistible et légitime de la nature humaine. Plus sont distingués les
dons d'intelligence et de cœur qu'un homme reçoit en
naissant, plus il ressent ce besoin de perfection, plus
il aspire à ce qu'il y a de meilleur, à l'infini, au divin.

(1) *Pensées* de Joubert, t. I, p. 118.

Or, c'est la religion qui règle et satisfait ce besoin de perfection, ce désir de progrès que nous ressentons tous. Dans l'ordre intellectuel, c'est elle qui élève la pensée du temps dans l'éternité, de l'espace dans l'immensité, et découvre les perspectives de l'infini ; c'est elle qui par ses mystères donne l'essor à l'esprit humain et le provoque aux études les plus élevées. Aussi, les plus grands génies ont-ils été religieux ? Quel homme l'athéisme pourrait-il placer à côté de saint Augustin, de saint Thomas d'Aquin, de Bossuet ? Où sont les chefs-d'œuvre de la libre-pensée, soit en philosophie, soit dans les arts ? Si notre siècle a été appelé le siècle des avortements, n'est-ce pas parce que de grands esprits, après avoir débuté par des œuvres importantes, sous l'influence de la religion, ont tristement apostasié et n'ont plus donné que le navrant spectacle de ruines intellectuelles?

Dans l'ordre moral, c'est encore la religion et la religion seule qui nous perfectionne et nous élève. C'est elle qui nous présente un type de vertu, un idéal de devoir qui n'est ni en nous, ni autour de nous ; type immuable, inflexible, qui n'est autre que Dieu lui-même. « Soyez parfaits, nous est-il dit, comme votre Père céleste est parfait (1) ». — C'est en cherchant à réaliser ce modèle infini de toutes les perfections que des hommes, dans tous les siècles, ont

____

(1) S. Matth., v, 48.

offert au monde le spectacle d'une sainteté héroïque. Ils ont élevé le niveau de la morale publique et contraint les libres-penseurs à voiler leurs vices et à rechercher au moins quelques vertus de parade. Mais où sont les saints de l'athéisme ? Quelle vertu a-t-on vue croître sur le sol de la morale indépendante ? Que peut en effet produire une loi morale sans législateur et sans sanction ? Ce n'est pas une loi. S'il n'y a pas de Dieu, il ne peut y avoir de morale. Certains hommes, je l'avoue, retenus par l'opinion publique, peuvent pratiquer quelques vertus naturelles. Mais, sans l'influence de la religion, ils ne peuvent les pratiquer toutes et ils ne sont pas exempts de vices cachés. C'est à eux que l'on peut surtout appliquer ces paroles d'un homme célèbre : « S'il fallait choisir d'être connu tout entier ou ignoré tout entier, il n'y a pas d'homme qui ne préférât d'être ignoré tout entier ». Une seule classe d'hommes ne redouteraient pas de voir toutes leurs actions dévoilées : ce sont les saints, parce que leur vie, fortifiée par la grâce, a été une imitation constante du Christ, modèle de toute perfection.

L'homme est donc religieux par la même raison qu'il est perfectible : il est religieux et perfectible, parce qu'à la différence des animaux, il connaît Dieu, saisit l'infini et veut l'atteindre. Aussi, un des plus savants naturalistes des temps actuels nous assigne la faculté religieuse, ou la religiosité, comme le caractère distinctif de notre espèce, le trait saillant qui nous sépare de l'animal (1). Dès lors, l'homme n'est jamais si grand que quand il s'agenouille devant Dieu et l'adore ; c'est alors qu'il s'élève au-dessus de la brute et se proclame le roi de l'univers.

La religion est nécessaire à l'homme, car elle seule le dirige dans la voie du bonheur.

Nous désirons invinciblement être heureux, c'est une loi de notre nature ; tout le mouvement qui se fait dans le monde n'est qu'une aspiration à la félicité. Mais, pour atteindre le bonheur, nous devons en réaliser les conditions ; il faut que notre intelligence, tourmentée du désir de connaître, possède la vérité qu'elle recherche ; que notre volonté, désirant aimer, possède le bien qui peut la satisfaire.

Or, sans la religion, l'homme est de tous les êtres le seul qui ait des facultés sans objet proportionné à leurs désirs ; il a une vie sans but, il n'y a équilibre ni dans son esprit ni dans son cœur.

Abandonné à lui-même, qu'est-ce que l'homme peut, en effet, éprouver dans son intelligence, sinon les anxiétés du scepticisme ? Que connaît-il du grand problème des destinées humaines ? Demandez-lui d'où il vient, où il va ; quelle est sa fin ; s'il y a un Dieu et quel est ce Dieu ? il vous répond, avec les rationalistes du paganisme et des temps modernes, qu'il n'en sait rien. Un contemporain, l'infortuné

(1) De Quatrefages. *Unité de l'espèce humaine.*

Jouffroy, nous révèle avec émotion les angoisses qu'il ressentit, lorsque le vent du doute eut ébranlé ses convictions religieuses, dissipé les traditions de famille, les souvenirs d'enfance. « Il me sembla », dit-il, « sentir ma première vie, si riante et si pleine, s'éteindre, et, derrière moi, s'en ouvrir une autre sombre et dépeuplée, où désormais j'allais vivre seul, seul avec ma fatale pensée qui venait de m'y exiler et que j'étais tenté de maudire. Les jours qui suivirent cette découverte furent les plus tristes de ma vie. Dire de quels mouvements ils furent agités serait trop long ; mon âme ne pouvait s'accoutumer à un état si peu fait pour la faiblesse humaine ; par des retours violents, elle cherchait à regagner les rivages qu'elle avait perdus (1) ».

Dès que l'homme irréligieux n'éprouve dans son esprit que les agitations du doute, lorsqu'il veut résoudre les grands problèmes qui intéressent l'humanité, il descendrait en vain dans son cœur pour y trouver le bonheur. Là encore, dès qu'il a rompu avec Dieu, il se trouve en face du désordre, du vide, de l'inquiétude. Si nous appelons en témoignage, non les pauvres, les infirmes, ceux que l'on nomme malheureux, mais les privilégiés de ce monde, tous nous répondent que plus ils accumulent les biens finis, plus ils sont ennuyés, dégoûtés de la vie.

(1) *De l'organisation des sciences philosophiques*, par Th. Jouffroy.

« J'ai été tout », disait l'empereur Sévère, parvenu des derniers rangs de l'armée au trône de César, « j'ai été tout, et j'ai vu que tout ne sert de rien (1) ». Platon, dans son traité de Lysis ou de l'amitié (2), démontre que notre âme, en passant par tous les biens terrestres, incapables de la satisfaire, recherche le bien infini, absolu, qui seul lui donnera le bonheur.

Jouffroy encore, avec le rare talent d'analyse qui le distingue, va nous décrire l'impossibilité de trouver la félicité dans la possession des biens de ce monde. « Dans le premier moment de la possession des biens de ce monde, dans le premier moment de la satisfaction de nos désirs, nous avons la présomption, ou, pour mieux dire, l'innocence de nous croire heureux. Mais si ce bonheur dure, bientôt ce qu'il avait d'abord de charmant se flétrit, et là où vous aviez cru sentir une satisfaction complète, vous n'éprouvez plus qu'une satisfaction moindre à laquelle succède une satisfaction moindre encore qui s'épuise peu à peu et vient s'éteindre dans l'ennui et le dégoût. Tel est le dénoûment inévitable de tout bonheur humain ; telle est la loi fatale à laquelle aucun d'eux ne saurait se dérober. Que si, dans le moment du triomphe d'une passion, vous avez la bonne fortune d'être saisi par une autre,

(1) *Omnia fui et nihil expedit.*
(2) Platon, *Argument du Lysis.* Traduction de M. Cousin.

alors emporté par cette passion nouvelle, vous échappez, il est vrai, au désenchantement de la première ; et c'est ainsi que, dans une existence très remplie et très agitée, vous pouvez vivre assez longtemps avec le bonheur de ce monde, avant d'en connaître la vanité. Mais cet étourdissement ne peut durer toujours : le moment vient où cette impétueuse inconstance dans la poursuite du bonheur, qui naît de la variété et de l'indécision de nos désirs, se fixe enfin, et où notre nature, ramassant, pour ainsi dire, et concentrant dans une seule passion tout le besoin du bonheur qui est en elle, voit ce bonheur, l'aime, le désire dans une chose qui est là, et à laquelle elle aspire de toutes les forces qui sont en elles. Alors, quelle que soit cette passion, alors arrive inévitablement l'amère expérience que le hasard avait différée ; car, à peine obtenu, ce bonheur, si ardemment, si uniquement désiré, effraie l'âme de son insuffisance ; en vain elle s'épuise à y chercher ce qu'elle avait rêvé ; cette recherche même le flétrit et le décolore : ce qu'il paraissait,

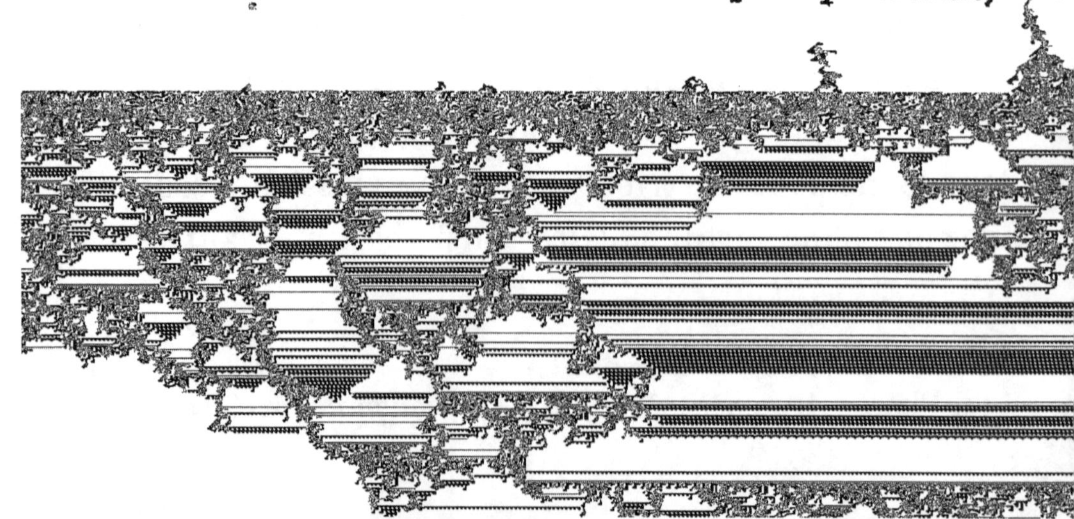

tisfaire le cœur de l'homme. Plus on possède une intelligence élevée, un cœur délicat, plus est profond cet inexorable ennui, ce dégoût de la vie, ce vide de l'infini.

Changeons l'hypothèse, et interrogeons l'âme religieuse, en communication efficace avec Dieu : elle nous offre le spectacle du vrai bonheur, du ciel anticipé. L'ordre règne dans ses pensées et ses affections ; tranquille sur le passé, elle connaît sa noble origine ; tranquille sur le présent, elle voit clairement le chemin qu'elle doit suivre ; tranquille sur l'avenir, elle envisage la mort avec sécurité, persuadée que le passage du temps à l'éternité sera pour elle l'heure de la délivrance. Vous la voyez, la paix sur le front, le sourire sur les lèvres, supporter avec calme toutes les vicissitudes de la vie. Si la douleur l'éprouve, si elle se sent victime de quelque injustice, elle n'en est nullement étonnée : elle sait que Dieu inscrit ses mérites et qu'il faut combattre avant de remporter la palme des vainqueurs. Si la mort vient rompre inopinément une de ces affections qui remplissaient sa vie, elle tourne ses regards vers le ciel, se dégage de plus en plus des choses de ce monde et aspire au moment où elle reverra cette âme bien-aimée dans le séjour de la lumière et de l'amour. — C'est donc avec raison que l'on a dit : La vie de l'âme sincèrement religieuse est une fête continuelle.

« Chose admirable! » devons-nous dire avec

Montesquieu, « la religion chrétienne, qui ne semble avoir d'autre objet que la félicité de l'autre vie, fait encore notre bonheur dans celle-ci (1) ». Joseph de Maistre, dans les *Soirées de Saint-Pétersbourg*, s'élève avec force contre ces moralistes attristés qui ne parlent que du malheur des justes et de la félicité des méchants sur la terre. Après avoir analysé les éléments du vrai bonheur, il démontre victorieusement que même en ce monde la félicité est le partage de la vertu, de l'homme sérieusement religieux et uni à Dieu.

Maintenant si, avant de mettre fin à ces considérations sur la nécessité de la religion pour l'homme, nous rappelons sommairement toutes les preuves que nous avons exposées, nous verrons tomber d'elle-même une erreur qui eut du retentissement au siècle dernier.

Des incrédules voulaient bien reconnaître la nécessité de la religion pour le peuple, mais ils prétendaient que les esprits éclairés pouvaient s'en affranchir, qu'elle n'était qu'une invention des législateurs pour servir de frein à la multitude.

Dès que la religion est un besoin, un sentiment irrésistible de l'humanité, comment serait-elle de création humaine ? Les hommes ont-ils créé l'amour paternel, la piété filiale et les autres sentiments de notre cœur ? Dès que la religion découle nécessaire-

(1) *Esprit des lois.*

ment de la notion et de l'existence d'un Dieu créateur, ainsi que de la notion et de l'existence de notre nature créée et raisonnable ; dès qu'elle seule répond aux besoins de perfectibilité et de bonheur que nous ressentons tous, pourquoi ne serait-elle pas aussi indispensable aux savants qu'aux ignorants, aux riches qu'aux pauvres ? Les heureux de ce monde seraient-ils d'une autre nature que ceux qui n'ont ici-bas que la misère en partage ? Est-ce que leurs richesses et leur science les rendraient indépendants de la Divinité? Il suffit d'exposer cette assertion prétentieuse pour en voir la fausseté et le ridicule.

Aussi l'expérience démontre que ce besoin de religion existe, au moins à l'état latent, dans toute âme humaine. C'est assez quelquefois d'une circonstance imprévue pour le faire éclater. Qui est incroyant en face d'une tombe se refermant sur une personne aimée ? Quel esprit sérieux n'éprouve le désir de se tourner vers Dieu, lorsqu'il sent cette vie s'affaiblir et la mort s'approcher ? Deux célèbres matérialistes de ce siècle, Cabanis et Broussais, ont fait, avant de mourir, une rétractation réfléchie de leur abject système (1). — Je sais que des hommes superficiels prétendent que ce retour à Dieu, à un âge avancé, n'est qu'une faiblesse d'esprit. Mais un païen se

(1) La *Revue Française* décembre 1858 ; et journal *Le Droit*, 14 novembre 1841.

charge de leur répondre et de leur apprendre que ce désaveu d'un passé irréligieux est dû à un désillusionnement, à un réveil de la conscience, à une lumière plus vive qui éclaire l'âme sur ses plus hauts intérêts :

« Lorsqu'un homme se croit aux approches de la mort », dit Platon, « certaines choses sur lesquelles il était tranquille auparavant, éveillent alors dans son esprit des soucis et des alarmes. Ce qu'on raconte des enfers et des châtiments qui y sont préparés à l'injustice, ces récits, autrefois l'objet de ses railleries, portent maintenant le trouble dans son âme...., plus près de ces lieux formidables, il semble les mieux apercevoir (1) ».

Plus les passions s'apaisent, plus l'orgueil et les sens se taisent, plus aussi la raison devient calme, plus on devient religieux. « J'ai la conscience », dit Maine de Biran, « que même sans aucune terreur, sans aucun effet d'imagination, le sentiment religieux peut se développer à mesure que nous avançons en âge, parce que, les passions étant calmées, l'imagination et la sensibilité moins excitées et excitables, la raison est moins troublée dans son exercice, moins offusquée par les images ou les affections qui l'absorbaient ; alors Dieu, le souverain Bien, sort des nuages ; notre âme le sent, le voit, en se tournant vers Lui, source de toute lumière (2) ».

(1) *La République*, l. I.
(2) *Journal intime.*

C'était cette connaissance plus sérieuse et plus approfondie de l'importance de la religion qui faisait dire à Alexis de Tocqueville, auteur de la démocratie en Amérique, arrivé en face de la mort, avec la plénitude de ses facultés : « Je regrette aujourd'hui de ne pas avoir donné dans ma vie une plus large part aux intérêts de la religion ». Que d'hommes parvenus au même terme éprouvent le même regret !

II.

LA RELIGION EST NÉCESSAIRE A LA SOCIÉTÉ.

Dans tous les temps on a reconnu que la religion est nécessaire à l'établissement et à la stabilité des sociétés.

Ecoutons d'abord les sages de l'antiquité. « L'ignorance du vrai Dieu », dit Platon, « est, pour les Etats la plus grande des calamités ; et qui renverse la religion renverse le fondement de toute société humaine (1) ».

« Les villes et les nations les plus attachées au

(1) *De leg.*, lib. x.

culte divin ont toujours été les plus durables et les plus sages, comme les siècles les plus religieux ont toujours été les plus distingués par le génie (1) ».

Les sophistes du siècle dernier, qui se plaisaient à combattre la religion, ont néanmoins avoué qu'elle est nécessaire aux sociétés. « Jamais État ne fut fondé », dit Rousseau, « que la religion ne lui servît de base (2) ». Et Voltaire : « Les hommes ont toujours eu besoin d'un frein, et, dans tous les lieux où il existe une société, la religion est nécessaire ; les lois sont un frein pour les crimes publics, et la religion en est un pour les crimes secrets (3) ». « Cherchez », dit Hume, « un peuple sans religion ; si vous le trouvez, soyez sûr qu'il ne diffère pas beaucoup des bêtes brutes »(4).

Après avoir rapporté ces témoignages dont l'autorité est irrécusable, consultons la raison et l'expérience.

Toute société, existant pour le bonheur des hommes qui la composent, doit leur donner l'ordre et la tranquillité. Lorsque le désordre règne dans le corps social, il y a malaise, il y a souffrance, il y a despotisme ou anarchie, et dès lors absence de liberté ;

(1) Xénophon, *Mém. Socrat.*, I, IV, 16.

(2) *Contrat social.*

(3) *Sur la Tolérance.*

(4) *Histoire naturelle de la religion.*

ainsi la société n'atteint pas la fin pour laquelle elle est établie. Mais l'ordre ne peut pas plus exister dans le corps social que dans le corps humain, s'il n'y a hiérarchie : pouvoir qui dirige les membres vers leur fin, et membres qui se soumettent à cette direction. Il faut, en outre, des lois équitables qui règlent les actions publiques et secrètes des citoyens. Telles sont les conditions de l'ordre, de l'harmonie, du bonheur de toute société, ainsi que le constatent la raison et l'expérience.

Or, c'est la religion qui donne la raison de l'autorité et de la dépendance, du commandement et de l'obéissance, des droits et des devoirs ; c'est la religion qui présente les lois comme des règles de conscience et leur donne une sanction efficace, comme nous allons le démontrer.

L'autorité suppose la supériorité dans celui qui l'exerce, et la dépendance dans celui sur lequel elle est exercée. L'autorité est le droit d'auteur; posséder *l'autorité* parfaite, c'est dans le sens le plus rigoureux, être l'*auteur* et le *créateur* de celui à qui l'on commande. C'est pourquoi Dieu seul est l'autorité, il est l'autorité dans sa source, parce que seul il est l'auteur de tout ce qui existe, seul il a créé et conserve toute chose ; seul il peut détruire ce qu'il a fait; tout être dépend de lui et il ne dépend de personne. C'est donc avec raison que saint Paul (Rom., XIII) nous dit que tout pouvoir ou toute autorité vient de Dieu.

Ainsi l'autorité est divine en elle-même, quoique le sujet en qui elle repose soit une créature, quoique les diverses formes qu'elle peut revêtir dans les sociétés, Monarchie et République, dépendent des hommes et des événements. Tout être créé est donc dans l'indépendance naturelle de tout autre être créé, et quiconque sur la terre exerce légitimement l'autorité ne peut le faire en son nom, mais au nom du Dieu souverain, de l'auteur de toutes choses, dont il est le délégué et le représentant.

D'après ces hauts enseignements de la religion, l'autorité a une origine céleste, elle n'est pas une chose humaine, elle possède un caractère auguste et sacré, elle devient respectable aux yeux des peuples. L'obéissance ne s'arrêtant pas à l'homme qui commande, n'est pas cette crainte abjecte de l'esclave qui se courbe en présence de son maître : c'est la libre et noble soumission d'une créature intelligente à la volonté suprême du Créateur, c'est l'acte le plus raisonnable que l'homme puisse faire.

Le pouvoir, étant exercé au nom de Celui qui par bonté a fait et conserve toutes choses, est obligé de se déclarer le défenseur des intérêts de tous et non de ses intérêts privés ; il est établi pour le bien des autres et non pour rechercher son bien particulier. Aussi l'histoire nous le représente partout protégeant les faibles contre les forts, abolissant l'esclavage parmi les peuples, relevant dans la famille les droits méconnus de la femme et de l'enfant opprimés. —

Des relations de bienveillance se sont ainsi établies entre le pouvoir qui commande et les sujets qui obéissent ; l'amour est devenu le lien qui a maintenu la société dans l'ordre, la liberté, la dignité et le bonheur. C'est cette doctrine religieuse qui a donné aux sociétés chrétiennes tant de siècles de stabilité et de gloire.

Mais l'incrédulité moderne a cherché à ébranler ces principes si vrais et si élevés sur la nature de l'autorité et de la dépendance, du droit et du devoir. Par l'organe de Rousseau (1) elle a tenté de nous donner une théorie nouvelle sur la formation et l'organisation des sociétés, sur la relation du pouvoir et des sujets. Elle ose affirmer que les hommes naissent indépendants de la cause première et indépendants les uns à l'égard des autres ; elle donne pour base au pouvoir social un pacte libre. La société n'est pas le résultat des lois de la nature, elle est un fait arbitraire. Elle suppose que les hommes étant isolés se sont entendus pour vivre en société, mettre leur force en commun et ont délégué un pouvoir pour les régir conformément à leurs intérêts. Toutefois ils se sont réservé la faculté de le révoquer ; ils reprennent leur indépendance, quand ils le jugent convenable. Mais, peut-on demander, qu'est-ce que ce pouvoir délégué par le peuple ? C'est, selon

______

(1) *Contrat social.*

Rousseau, la somme des droits appartenant aux individus. Mais, ces droits que sont-ils ? Nul homme n'a de droit sur son semblable, puisqu'on les suppose indépendants l'un envers l'autre ; et nul n'a de droit sur soi-même, car on n'est pas supérieur à soi.

Qu'est-ce donc que le pouvoir ? Ce ne peut être que l'ensemble des forces individuelles mises à la disposition de celui qui est délégué pour régir la société. Ainsi le pouvoir n'est plus, selon Rousseau, une puissance morale, le droit d'ordonner impliquant le devoir d'obéir, c'est une force physique, la puissance de contraindre imposant la nécessité de céder ; l'empire de l'homme sur l'homme : ainsi disparaissent les notions d'autorité et de dépendance, de commandement et d'obéissance, de droit et de devoir : il ne reste que la force matérielle guidée par l'amour de soi ou l'intérêt particulier.

Cette théorie, il est facile de le comprendre, est le rêve d'un romancier politique. Jamais on n'a vu les hommes isolés s'unir sous l'influence d'un pacte ; ils ont toujours vécu en société ; c'est la famille qui, en s'étendant, a formé les cités et les nations. D'ailleurs exclure Dieu de la société, détruire les notions de droit et de devoir, pour ne laisser subsister que la force, ne donner pour mobile, soit au pouvoir, soit aux sujets, que l'amour de soi et non l'amour de la justice, n'est-ce pas abaisser l'homme au niveau de la brute et établir le pouvoir et les sujets dans un état de lutte permanente ? Si le souverain domine, on a infailliblement le despotisme ; quand c'est le peuple, on a l'anarchie. L'histoire atteste que tels sont les résultats funestes de cette doctrine révolutionnaire.

Mais Rousseau lui-même, « cet homme », dit de Maistre, « qu'il faut veiller sans relâche et le surprendre, lorsqu'il laisse échapper la vérité par distraction (1) », Rousseau réfute ailleurs (2) ce qu'il a établi dans le contrat social. « Les dissensions affreuses, les désordres infinis qu'entraînerait nécessairement ce dangereux pouvoir, montrent, plus que toute autre chose, combien les gouvernements humains avaient besoin d'une base plus solide que la seule raison ; et combien il était nécessaire au repos public, que la volonté divine intervînt pour donner à l'autorité souveraine un caractère sacré et inviolable, qui ôtât aux sujets le funeste droit d'en disposer. Quand la religion n'aurait fait que ce bien aux hommes, c'en serait assez pour qu'ils dussent tous la chérir et l'adopter, même avec ses abus, puisqu'elle épargne encore plus de sang que le fanatisme n'en fait couler ».

Si la religion imprime à l'autorité un caractère sacré en la faisant descendre du ciel, si elle justifie et ennoblit l'obéissance, c'est elle encore qui donne aux lois tout leur empire en nous présentant les lois

_____

(1) *Considérations sur la France*, ch. VIII.

(2) *Discours sur l'origine de l'inégalité*, p. 306.

humaines comme des règles de conscience et en donnant à la loi morale une sanction efficace.

C'est en vain que les lois civiles et criminelles seraient écrites dans un code public, si on peut les éluder. Car, si ces lois ne sont que l'expression de la volonté du plus fort, si elles ne lient que devant les hommes et non devant Dieu, ne sait-on pas que souvent elles seront enfreintes ? Que de vols secrets, que de fraudes cachées ! Mais dès que la religion nous les représente comme l'expression de la volonté divine ; dès qu'elles lient la conscience, il n'est plus possible de les violer impunément ; elles exercent leur empire toujours et partout. C'est ce que comprirent les législateurs de l'antiquité. Lycurgue et Numa présentèrent leurs lois comme autorisées par la puissance divine à laquelle toutes les créatures sont soumises.

Les lois humaines ne suffisent pas, lors même qu'elles seraient observées. Elles ne règlent que nos actions publiques ; elles ne pénètrent pas dans l'âme pour y couper le mal dans sa racine. C'est la loi morale qui descend dans l'intime de notre être, règle jusqu'à nos pensées, nos affections, défend même le désir du mal et nous ordonne de tendre à la vertu. Elle constitue la partie la plus sublime de la législation, celle qui fait vraiment le juste, l'homme de bien. Or, d'où la loi morale tire-t-elle son autorité et sa puissance ? Ce ne peut être que de la Religion. Si la Religion ne montre pas au crime l'abîme ténébreux de l'enfer; si elle ne fait pas luire aux yeux de la vertu l'espoir d'un ciel impérissable, quel châtiment et quelle récompense pourront retenir l'homme dans le devoir ?

Si la sanction éternelle du souverain bien et du souverain mal est encore souvent impuissante contre la fougue des passions, quel autre frein pourrait les arrêter ?

Serait-ce l'opinion publique, l'honneur, la crainte du mépris ? Mais que m'importe l'opinion publique ? Le sage ne l'a-t-il pas toujours dédaignée ? En quoi peut-elle sérieusement m'affecter ? L'honneur que l'on me promet, n'est qu'un vain bruit de réputation, il ne peut nullement compenser les sacrifices qu'il faudrait m'imposer pour accomplir tous les préceptes de la loi morale. Encore, qui me garantit que par la vertu j'arriverai à l'honneur et non à l'opprobre ? Souvent on voit le vice usurper les honneurs dus à la vertu. — Qu'est-ce que le mépris dont je suis menacé, si je ne résiste pas à mes passions ? Il n'est rien, si je le méprise. Il ne m'ôtera ni la santé, ni la fortune, ni la jouissance. D'ailleurs, ne puis-je pas souvent ménager l'opinion publique, en couvrant mes actions mauvaises du voile du mystère ?

Mais, me dit-on, si vous pouvez cacher aux yeux des hommes ce qu'il y a de répréhensible dans votre conduite, vous ne le pouvez pas aux yeux de votre conscience. N'est-ce rien que le remords qui vous suit partout ? N'est-ce rien que la joie d'avoir fait une bonne action qui toujours vous accompagne ? — Non, tout cela n'est rien, s'il n'y a pas de Dieu ; la conscience n'est rien, si elle n'est pas la voix de Dieu parlant en nous ; le remords n'est qu'un préjugé, s'il n'est pas l'enfer anticipé ; la satisfaction d'avoir fait le bien n'est qu'un mot, si elle n'est pas le gage d'une récompense future. Comment serais-je heureux de souffrir la faim, la soif, les maladies, l'opprobre pour le bien des autres, si je n'en dois pas être récompensé? S'il n'y a pas de législateur suprême à qui tout soit connu, s'il n'y a pas d'autre vie, je n'ai qu'un but à atteindre c'est de me procurer le plus de bonheur possible ici-bas ; que me font vos belles sentences, vos sublimes sentiments sur la vertu en face de mon intérêt, de mes passions qui ne sont pas satisfaites ?

Mais, continue-t-on, si les motifs allégués tout à l'heure ne peuvent faire observer la loi morale dans les temps d'ignorance et de grossièreté, au moins faut-il admettre qu'ils le peuvent dans notre siècle où les lumières et la civilisation ont pénétré partout. — Je reconnais qu'aujourd'hui l'instruction est plus répandue qu'autrefois, on parle plus correctement sa langue, on a une connaissance plus approfondie des mathématiques et des sciences naturelles; il s'est fait un progrès incontestable dans l'ordre matériel, dans l'industrie et le commerce. Mais que font toutes ces connaissances, lorsqu'il s'agit de pratiquer la loi morale? Quel vice vos théorèmes de géométrie peuvent-ils réprimer? Ne savez-vous pas que l'instruction n'est qu'un instrument pour le mal comme pour le bien ? Elle développe l'intelligence, mais elle ne change pas le cœur. — Aussi les plus grands scélérats sont-ils souvent des hommes instruits ? Ce qui fait le progrès de l'ordre moral, ce qui améliore le cœur humain, c'est la religion.

C'est elle qui apprend à l'homme à marcher constamment sous le regard d'un juge impartial, d'un Dieu infiniment juste, accordant à la vertu une récompense éternelle et châtiant le vice par des souffrances inextinguibles. L'histoire démontre que plus la religion a d'empire sur un peuple, plus il se distingue par ses vertus. — Rome ne fut jamais aussi vertueuse que sous les rois et sous la république, parce que jamais elle ne fut aussi religieuse ; elle n'entra dans la voie de la décadence, que lorsque les sophistes eurent inspiré à la multitude le mépris de Dieu et de la religion.

Il est donc permis de conclure qu'une morale sans religion est un édifice sans fondement, une législation sans législateur. Et Montesquieu a eu raison de dire « qu'une religion, même fausse, est encore le plus sûr garant de la vertu des hommes ».

Concluons avec Montesquieu encore : « C'est mal raisonner contre la religion de rassembler dans un grand ouvrage une longue énumération des maux qu'elle a produits, si l'on ne fait de même celle des biens qu'elle a faits. Si je voulais raconter tous les maux qu'ont produits les lois civiles, la monarchie, le gouvernement républicain, je dirais des choses effroyables (1) ! »

Après avoir vu ce que la religion fait pour la société, nous allons considérer ce que la société a fait et doit faire en faveur de la religion ; c'est un corollaire de ce qui a été établi précédemment.

Si nous consultons l'histoire, nous voyons que les peuples les plus éclairés, ceux chez qui on allait dans l'antiquité étudier la sagesse, comme les Egyptiens, les Grecs, les Romains, plaçaient la religion à la tête de leurs institutions, se faisaient gloire de l'honorer et de la protéger dans son culte et son sacerdoce.

Les peuples civilisés ont tous eu un culte reconnu, une religion nationale et ils ont considéré les outrages faits à la religion comme s'ils s'étaient adressés à la divinité même. Aussi les gouvernements ont édicté les peines les plus sévères contre ceux qui publiquement blasphémaient et profanaient les choses saintes. Athènes avait des lois contre l'impiété ; Périclès lui-même, accusé d'avoir méprisé la religion, fut contraint de se défendre devant les tribunaux. On sait avec quelle vigueur Cicéron censura un préteur de Sicile accusé d'avoir pillé les temples et les autels. La mort tragique de Denys le Tyran fut considérée par ses contemporains comme le juste châtiment de ses spoliations sacrilèges et de son im-

____

(1) *Esprit des lois*, l. XXIV, ch. II.

piété. Toutes les constitutions du monde ont protégé jusqu'alors la grande loi du repos dominical. Les démocraties, même les plus célèbres, comme la Suisse, l'Amérique, ont leur jour d'adoration sociale.

L'histoire nous apprend encore que les nations les plus illustres ont professé pour le sacerdoce une vénération profonde. Sachant que le vulgaire confond souvent la religion avec ses ministres, elles ont rendu aux pontifes et aux prêtres des honneurs propres à leur attirer le respect des peuples. Il serait superflu de rappeler ce que le sacerdoce a été aux yeux des nations chrétiennes, depuis Constantin jusqu'au temps présent. Mais, si l'on veut savoir quels étaient les honneurs et les prérogatives accordés aux prêtres des religions païennes, chez les Egyptiens, les Indiens, les Grecs, les Romains, les Gaulois, on peut lire une savante dissertation écrite sur ce sujet dans le dictionnaire de l'Académie des Inscriptions (1).

Ainsi jusqu'alors on avait reconnu que la religion étant la base de toute société, on devait la protéger et l'honorer, on n'avait jamais compris une société sans Dieu. Une théorie nouvelle cherche à se faire jour : on veut séparer la religion de la société et de l'Etat. L'abolition du règne social de Dieu, le divorce entre la société et la Divinité, l'athéisme dans les lois et les pratiques sociales, voilà ce que l'on

(1) T. XXXI, p. 108.

appelle un progrès, ce que l'on nomme la liberté religieuse!

Celui qui veut réfléchir verra facilement ce qu'il y a de faux et d'antisocial dans cette création moderne de la séparation de la religion et des gouvernements et comprendra que c'est là un progrès dans la décadence et l'oppression de la majorité des membres d'une nation par quelques athées audacieux.

En effet, la société n'est pas un être abstrait ; c'est une personne morale, un être très réel. Dès que les individus qui la composent sont et doivent être religieux, comment formeraient-ils un ensemble irréligieux ? Est-ce que le résultat ne doit pas participer de la nature des unités qui le constituent? Dieu étant l'auteur de la société civile comme de la société domestique, conservant l'une et l'autre, ne doit-il pas recevoir de l'une et de l'autre des hommages de dépendance et d'adoration ? C'est ce que tous les peuples ont admis jusqu'alors, nous l'avons prouvé. Si donc Dieu abandonnait les sociétés à elles-mêmes, comme plusieurs semblent vouloir abandonner leur Créateur, ne serait-ce pas pour elles le plus terrible des châtiments ? Où seraient l'autorité et l'ordre, la dignité et la liberté ? « Si un peuple veut être libre », dit Tocqueville, « il faut qu'il ait des croyances, et s'il n'a pas de foi, qu'il serve ». Si le divin doit être *exclu* de la société, pourquoi ne le serait-il pas de la propriété ? Si le droit de propriété n'est plus sacré, pourquoi n'aurions-nous pas le règne du socialisme ? Voilà où logiquement l'on peut aboutir. Les anciens avaient compris la nécessité de l'union entre la religion et la société ; car, quand ils voulaient exprimer le malheur suprême d'une nation, ils disaient : « Les dieux s'en sont allés ».

III.

LA RELIGION DOIT ÊTRE EXTÉRIEURE ET PUBLIQUE.

Des écrivains, soit du siècle dernier, soit des temps présents, n'osant nier l'existence d'un Dieu créateur, ont été contraints d'avouer la nécessité d'une religion. Mais ils ont rejeté comme inutile, superstitieux, tout culte extérieur et public rendu à la Divinité ; ils ont prétendu s'élever au-dessus des préjugés populaires, en n'acceptant d'autre culte que celui de la pensée et du sentiment, d'autre temple que celui de la nature.

Les hommages intérieurs de l'esprit et du cœur constituent incontestablement l'âme de toute religion. Sans eux, le culte extérieur et public ne serait qu'une basse hypocrisie, une vaine superstition. Mais, en voulant éviter une erreur, ne nous jetons pas dans une autre ; ne nions pas la nécessité d'un culte extérieur, car ce serait nous mettre en opposition avec la raison humaine et l'autorité des siècles.

La raison nous enseigne que l'homme doit à Dieu l'hommage de son être entier. C'est le créateur qui lui a donné ce qu'il possède ; c'est lui qui, à chaque instant, lui conserve son corps, comme son âme. C'est donc un devoir de connaître et de contempler Dieu par l'esprit, de l'aimer par le cœur et de le servir par les sens. Pourquoi le corps ne contribue-rait-il pas au culte dû au Créateur, par des actes extérieurs et sensibles, les seuls dont il soit capa-ble ? Ne serait-ce que quand il faut honorer Dieu que notre corps devrait s'abstenir d'agir ? Si nous sommes hommes, n'est-ce pas par l'union de l'âme et du corps qui constituent notre nature ? Le culte purement spirituel est celui des anges. Ne nous attribuons pas une perfection chimérique ; recon-naissons que nous sommes faits de deux substances, dont l'une est matérielle, sinon on pourrait nous appliquer cette parole bien connue : « Qui fait l'ange fait la bête ».

Le culte extérieur est l'expression naturelle et nécessaire du culte intérieur. En effet toute convic-tion sincère, tout sentiment intime cherche à se traduire au dehors, parce qu'il y a une liaison étroite entre les affections de l'âme et leur manifes-ation sensible. C'est une loi de notre nature. Quel est l'enfant, pénétré de respect et de reconnaissance envers ses parents, qui ne fasse éclater sa piété filiale ? Quel est le cœur vraiment compatissant qui ne donne des témoignages extérieurs de sa bonté pour les malheureux ? Ne sera-ce que quand il s'agit du sentiment le plus profond de l'âme, de l'adoration, qu'il faudrait s'abstenir de l'exprimer extérieurement ? Je rends à Dieu des hommages intérieurs de dépendance, et il ne m'est pas permis d'en rien laisser paraître au dehors ? Lorsque je considère combien Dieu a été bon à mon égard, comment il m'a donné et me conserve la vie, comment il me distribue chaque jour le pain qui me nourrit, le vêtement qui me couvre, je me sens pénétré au fond du cœur de la plus vive reconnaissance, et vous ne voulez pas que je manifeste ma gratitude, que j'invite mes semblables à partager mes sentiments ? Avouez que c'est là faire une opposition passionnée, déraisonnable, aux tendances les plus invincibles de la nature humaine.

Le culte extérieur est l'aliment et le soutien du culte intérieur. Tout sentiment vit de sa propre expansion, et, s'il ne peut s'exprimer au dehors, il s'éteint comme un foyer sans air. C'est l'âme, sans doute, qui donne à nos actions leur dignité et leur valeur, mais c'est le corps qui les précise et les détermine. Qui ne sent combien nos idées seraient obscures et flottantes, si le langage ne venait leur donner un corps ? Que de sciences nous seraient inconnues, si nous n'avions ni figures ni signes à notre disposition ? Et pourquoi n'en serait-il pas ainsi dans la science religieuse ? Sans culte extérieur, que serait le culte de la pensée, ne consistant que dans des idées méthaphysiques et de vagues sentiments envers la Divinité ? La religion pourrait-elle subsister, si elle n'était vivifiée par la prière vocale, les génuflexions, les rites sacrés, les fêtes et les cérémonies religieuses ? Non, soyons sincères, sans culte extérieur et public, Dieu ne serait pas honoré ; ce serait le règne universel de l'athéisme. Qu'on ne vienne pas nous dire avec un orgueil mal déguisé : Nous reconnaissons que ces rites, ces cérémonies, ces fêtes peuvent être utiles à la multitude ; mais que font au savant, au philosophe, à l'esprit cultivé, toutes ces manifestations sensibles ? Ne lui suffit-il pas de s'élever directement à Dieu par la pensée ? Non, cela ne peut lui suffire, dès qu'il n'est pas un pur esprit ; c'est ici le lieu de dire que tous les hommes sont peuple. Les plus superbes génies ne peuvent s'affranchir de l'influence des sens et des symboles. Se dire religieux, sans en rien témoigner, fut toujours la prétention de ceux qui ne veulent pas de religion.

L'histoire atteste que tous les peuples, anciens et modernes, ont eu un culte extérieur et public. Quelle nation n'a pas eu ses temples, ses fêtes religieuses, ses rites sacrés ? A tous les âges du monde, les hommes ont compris qu'ils devaient se réunir dans quelque lieu consacré à la Divinité, pour l'adorer, lui offrir des sacrifices, chanter ses louanges, lui témoigner leur gratitude. On ne peut citer une seule nation qui se soit contentée du culte de la pensée, du temple de la nature. C'est qu'en effet, si Dieu est partout, s'il n'est pas un de ces souverains qui ont besoin pour eux-mêmes d'un lieu déterminé où ils résident, l'homme a besoin de temple ; c'est là qu'il se recueille ; c'est là, loin du bruit du monde, qu'il se sent pénétré de la grande pensée de la Divinité et de l'importance de la vie future. A la vue des cérémonies sacrées et des objets du culte, expression de leurs croyances, les peuples s'instruisent, se rappellent les hautes vérités religieuses et se les fixent dans l'esprit ; les familles se trouvent en présence du même Dieu, sentant le besoin de s'unir ; les rivalités s'effacent, les mœurs s'adoucissent. Tels sont les précieux résultats du culte extérieur et public. Qu'on se garde donc de vouloir corriger les hommes du besoin de prier Dieu ensemble : dès qu'ils seront en société, ils se sentiront toujours pressés de lui parler en commun.

IV.

LA RELIGION DOIT ÊTRE SURNATURELLE.

Une des grandes questions agitées dans les temps actuels est celle du naturalisme et du supernaturalisme. Qu'est-ce que le surnaturel ? Quelle est sa notion ? La religion naturelle suffit-elle, ou doit-elle être complétée et perfectionnée par une religion positive et surnaturelle ? Tels sont les problèmes que nous devons résoudre et dont on ne peut contester l'importance.

Au siècle dernier, les déistes de France et d'Angleterre, comme Bolingbroke, Blount, Cherbury, Rousseau, se sont déclarés les adversaires de toute religion positive et ils ont tenté de démontrer que la religion naturelle, telle qu'elle nous est manifestée par les lumières de la raison, est seule nécessaire, seule légitime. De nos jours, tous les rationalistes qui admettent encore l'existence de Dieu et d'une religion, ont renouvelé cette erreur. Ils cherchent d'abord à obscurcir la notion du surnaturel. Pour les uns, le surnaturel est chimérique, imaginaire (1). Les religions anciennes, le judaïsme, le christianisme, le mahométisme, répondent, disent-ils, à l'enfance du genre humain ; la religion naturelle, qui doit les supplanter toutes, répondra à sa virilité. Or, ce qui distingue l'enfance, soit de l'homme, soit des peuples et de l'humanité, c'est l'amour du chimérique, du merveilleux, du surnaturel, de tout ce qui frappe l'imagination et les sens. Mais, dès que les hommes et les nations sont arrivés à l'âge viril, ils relèguent l'imagination et le surnaturel dans le domaine de la poésie; ils veulent que leurs pensées et leurs actions soient réglées par les seules lois de la raison. Par conséquent, la religion moderne ne reconnaîtra d'autre lumière que celle de la raison; elle rejettera tout ce qui est surnaturel, imaginaire, merveilleux, et sera éminemment philosophique (2).

D'autres vont plus loin. Ils enseignent que le surnaturel, c'est l'absurde, c'est le contradictoire. Si on leur enjoint de définir le surnaturel et de démontrer qu'il est impossible, ils ne savent répondre que

(1) *Le protestantime libéral*, par le pasteur Bost. — Chez Germer Baillère.

(2) *Les trois filles de la Bible*, par Hippolyte Rodriguez. Chez Michel Lévy.

par des négations. « Non, disent-ils, il ne peut y avoir de surnaturel, c'est une donnée acquise à la science moderne ; d'ailleurs la science n'a pas à s'occuper du surnaturel »... Quelques-uns ont formulé une réfutation ; ils la résument ainsi : « La nature, n'est-ce pas tout ce qui est ? Il est donc impossible de comprendre qu'il existe quelque chose en dehors ou au-dessus des lois de la nature ». Telle est l'argumentation la plus sérieuse de la libre-pensée contre le supernaturalisme.

Voulant, dans ce grave sujet, procéder avec ordre, nous rappellerons la notion de la religion, soit naturelle, soit surnaturelle, telle que les siècles les plus éclairés l'ont comprise, afin de prouver que le surnaturel n'est pas absurde ; nous démontrerons ensuite historiquement l'insuffisance de la Religion naturelle, l'existence de la religion surnaturelle, et enfin nous donnerons la solution des difficultés soulevées contre cette doctrine.

Dieu, en nous créant, a dû nous donner, comme à tous les êtres, la fin exigée par notre nature. C'est pourquoi il nous a appelés à le contempler dans ses œuvres, à l'aimer d'un amour résultant de cette contemplation, et il nous a accordé les moyens proportionnés à cette fin : la lumière de la raison et la force native de notre volonté. C'est l'ensemble de ces relations indirectes entre le Créateur et la créature intelligente, relations découlant logiquement de la nature de Dieu et de la nature raisonnable de l'homme; c'est cette vue de Dieu à travers les ombres de la création; c'est cet amour de Dieu, produit par la beauté des choses visibles, qui constituent la religion naturelle. Les préceptes de cette religion ne sont autre chose que la loi naturelle promulguée par la raison; ses dogmes, philosophiquement démontrés, sont l'existence d'un Dieu qui a créé et gouverne l'univers, la spiritualité et la liberté de l'âme humaine, l'existence d'une autre vie dont la durée ne peut être déterminée par les seules lumières de notre intelligence. La religion naturelle est la base sur laquelle repose la religion surnaturelle. Ces deux religions sont distinctes entre elles; on ne doit pas les confondre, car elles n'ont ni le même but, ni les mêmes moyens; mais on ne doit pas non plus les séparer, les mettre en opposition, ainsi que le font nos libres-penseurs (1); elles sont appelées à se prêter un mutuel appui, à rester intimement unies : l'une est la base, l'autre est le sommet.

Dieu, infiniment bon, ne s'est pas contenté de nous donner une fin proportionnée à notre nature; il a voulu nous accorder de plus hautes destinées; il a daigné se communiquer à nous, non plus indirectement et à travers le voile de la création, mais il nous a appelés à le contempler un jour face à face, tel qu'il est en lui-même; il a voulu se faire

______

(1) *La religion naturelle* par Jules Simon.

aimer de l'amour dont il s'aime, en nous constituant non plus seulement ses sujets, mais ses enfants adoptifs ; il a fait descendre dans notre âme une lumière et une force divines proportionnées au but sublime que nous devons atteindre. Or, c'est l'ensemble de ces hautes communications entre Dieu et l'homme, communications gratuites et libres de la part de Dieu, nullement exigées par la nature humaine, qui forme la religion surnaturelle. Qu'y a-t-il d'absurde, de contradictoire, dans cette doctrine ? Pourquoi Dieu, qui a établi les lois de la nature, ne pourrait-il rien faire en dehors et au-dessus de ces lois ? Au lieu de se montrer seulement dans ses œuvres, pourquoi ne pourrait-il se donner à nous, nous communiquer directement une participation de sa vie divine ? Qui pourrait empêcher l'Infini de s'abaisser jusqu'à la créature raisonnable, pour s'unir à elle et se l'associer dans ses destinées ? Qui voudrait ici limiter la puissance du Créateur ? C'est en vain que nous provoquons les adversaires du surnaturel : ils n'argumentent pas, ils se contentent d'énoncer de vagues et pompeuses assertions et de professer un superbe dédain pour le surnaturel.

Après avoir déterminé la notion du naturel et du surnaturel, prouvé que le surnaturel n'implique aucune contradiction, nous allons démontrer, d'après les faits, que la religion naturelle seule ne peut moralement suffire à l'homme.

Une religion comprend nécessairement un symbole de vérités et un code de morale, un ensemble de dogmes pour diriger l'intelligence et de lois pour régler la volonté. Or, si la raison humaine, abandonnée à elle-même, peut absolument formuler ce symbole et ce code, moralement, elle ne le peut, tant elle se laisse dominer par les sens et les nécessités de la vie. Elle a, en effet, toujours été impuissante, l'histoire l'atteste, à faire connaître avec précision les dogmes et les préceptes de la religion naturelle et plus impuissante encore à les faire accepter.

Nous constatons qu'il y a eu parmi les déistes autant de systèmes religieux que d'écrivains. Lord Cherbury nous présente un symbole et un code en cinq articles (1). Blount nous fait un résumé de sept articles (2). Bolingbroke nie la doctrine des peines et des récompenses futures, se montrant plus accommodant que ses devanciers. Rousseau, après avoir longuement disserté sur cette matière, avoue que ce système religieux ne présente que des dogmes et des préceptes vagues, indécis, car il repose sur la raison qui souvent nous trompe (3). Joseph Droz, revenu au catholicisme après avoir été victime du déisme, nous peint l'impuissance de cette religion

(1) *De religione gentilium.*
(2) *The oracles of Reason.*
(3) *Emile.*

philosophique : « Le déisme », dit-il, « est un ouvrage humain ; on est toujours libre de le modifier, de le changer, soit pour le perfectionner, au gré de son imagination, soit pour l'accommoder aux faiblesses de son cœur. On peut savoir quel est aujourd'hui ce système, non quel il sera demain (1). »

Mais, si les savants ne peuvent s'entendre pour déterminer en quoi consistent les dogmes et les lois de la religion naturelle, quelle sera, pendant ce temps-là, la croyance des hommes du peuple, des ouvriers, des trois quarts du genre humain ? Quelle morale dirigera leur conduite ? Comment atteindront-ils leurs destinées ? Le plus célèbre défenseur de cette religion philosophique semble vouloir aborder franchement ces graves difficultés ; mais il suffit de l'opposer à lui-même pour se convaincre qu'il ne donne aucune solution et que son ouvrage n'est qu'un tissu de contradictions (2).

« La religion naturelle », écrit-il, « ne serait pas une religion si elle ne se dévoilait qu'au petit nombre (3). Elle se rend intelligible aux esprits médiocres et elle suffit aux besoins des esprits cultivés (4). On dit que la religion naturelle ne donne à l'homme ni un symbole ni une table de loi. C'est calomnier à

(1) *Pensées sur le christianisme.*
(2) *La religion naturelle*, par Jules Simon ; sixième édition.
(3) Page 408.
(4) Page 363.

la fois la raison et la liberté. Qu'est-ce que la raison, sinon une force et une lumière pour chercher, pour trouver la vérité ?... Dieu nous donne le commencement de la vérité et le principe de la loi; et il nous commande de développer ces prémices, de conquérir le symbole, d'appliquer la loi, de l'approfondir (1). »

Mais daignez-nous dire ce que devient le genre humain, tant qu'il n'a pas conquis son symbole et son code de morale ? Quel est le sort de ces nombreuses générations qui n'ont pas connu la vérité ? Qu'est-ce que ce Dieu insouciant qui les laisse dans l'ignorance de leurs destinées et des moyens de les atteindre ?

Le sophiste se réfute lui-même et nous prouve qu'il ne faut pas ajouter foi à ses affirmations : « La religion naturelle, qui n'est au fond qu'une partie de la philosophie, ne donne que ce qu'elle peut donner. Ses obligations ne se mesurent pas aux besoins de la société, mais à la force de l'esprit humain.... Elle n'a parfois que des espérances à donner, au lieu d'une certitude (2).... Elle est sans autorité sur les intelligences passives. En un mot son symbole, si elle en a un, ne peut être séparé des preuves qui l'établissent, ce qui la condamne à ne jamais être universelle (3). Le philosophe est un

(1) Page 365.
(2) Page 346.
(3) Page 347.

homme qui a tout juste autant d'autorité que lui en donne son talent.... Il traite les sujets les plus difficiles, souvent les plus ingrats, et ne peut être compris que par les intelligences très exercées (1) ».

En présence de ces contradictions qui affirment, d'une part, que la religion naturelle se rend intelligible à tous les esprits, même aux esprits médiocres, qu'elle a un symbole et un code de lois ; de l'autre, qu'elle ne peut être universelle, qu'elle n'a parfois que des espérances à donner au lieu d'une certitude, il serait superflu de réfuter l'ouvrage que nous examinons ; le lecteur peut l'apprécier. Nous pouvons conclure avec un libre-penseur : « Les faits prouvent que la religion naturelle n'a jamais pu descendre jusqu'à la pratique et devenir une réalité. Elle n'est pas sortie des livres et de l'enseignement ; et comme elle est essentiellement individuelle et que chacun se la fait à soi-même, selon sa propre philosophie, il est impossible de dire si elle a exercé, même sur les personnes, une influence quelconque (2) ».

Bossuet avait donc raison, lorsqu'il dénonçait le déisme comme n'étant qu'un athéisme déguisé. La religion naturelle n'est, en résumé, que l'hypocrisie de la religion ; c'est la religion de ceux qui veulent

(1) Page 404.
(2) Burnouf.

en porter le masque, sans en remplir les obligations.

Si la raison justifie la notion du surnaturel, n'y découvrant rien d'absurde, rien de contradictoire ; si l'expérience démontre l'insuffisance de la religion naturelle dans notre condition présente, l'histoire prouve, d'autre part, que le surnaturel est un fait réel, vivant, universel et conséquemment un fait divin.

Le genre humain a cru partout à quelque chose de plus haut que sa nature, de plus élevé que sa raison. Qu'était-ce, en effet, qu'un prêtre chez les païens, sinon un homme inspiré de Dieu ? Qu'était-ce qu'un temple, sinon un oracle ? Qu'était-ce qu'une idole, sinon de la pierre, du marbre, du bois, parlant par la vertu de la divinité ? Chez tous les peuples, on a prétendu connaître le secret de Dieu dans une parole révélée. Il n'est aucune religion qui ne se dise en possession de livres sacrés (1). On trouve le Zend-Avesta chez les Perses ; le Véda chez les Indiens ; le King chez les Chinois ; le Coran chez les Arabes, la Bible chez les Juifs ; la Bible et l'Evangile chez les Chrétiens. Il n'est pas de nation qui n'ait cru recevoir du ciel une vertu secrète, une force divine par le moyen des lustrations, des rites sacrés, des sacrifices.

L'idée du surnaturel a, sans doute, été souvent

(1) *Livres sacrés de toutes les religions, sauf la Bible,* Migne, 2 vol. in-4.

altérée ; mais on la retrouve partout dans ce qu'elle a de fondamental, d'essentiel : ce qui prouve que le surnaturel a été le premier état de la vie humaine, car il n'est aucun fait universel qui ne soit primitif et originel. Mais c'est à partir de Jésus-Christ que le surnaturel resplendit dans tout son éclat et règne sur le monde. Qu'est-ce, en effet, que Jésus-Christ, sinon le point de jonction du naturel et du surnaturel, le foyer d'où le divin rayonne sur l'humanité ? Depuis son apparition en ce monde, les plus vigoureux génies comme les peuples les plus civilisés, ont professé publiquement leur croyance en sa divinité, aux communications surnaturelles de l'homme, avec lui par le sacrement et le sacrifice. Le christianisme est-il autre chose que dix-neuf siècles de vie surnaturelle ? Or, en face de ce fait universel, public, persévérant, que conclure, sinon que Dieu a voulu rendre l'homme participant de sa propre vie, le déifier, lui communiquer une fin supérieure à celle qui est exigée par la création ? Que conclure encore, sinon que le surnaturel n'est pas fictif, imaginaire, chimérique, quoi qu'en disent les partisans passionnés du naturalisme ?

Laissons la parole à une des intelligences les plus élevées des temps présents : « La croyance au surnaturel », dit M. Guizot, » est un fait naturel, primitif, universel, dans la vie du genre humain ; en tout temps, en tout lieu, à tous les degrés de la civilisation, on trouve le genre humain croyant spontanément à des faits, à des causes en dehors de cette mécanique vivante qui s'appelle la nature. On a beau étendre, expliquer, magnifier la nature, l'instinct des masses humaines ne s'y est jamais enfermé, et il a toujours cherché et vu quelque chose au delà. Et c'est cette croyance instinctive et jusqu'ici indestructible, c'est ce fait général et constant de l'histoire humaine qu'on entreprend d'abolir! Incroyable fatuité humaine! parce que, dans un coin du monde, dans un jour des siècles, on a combattu le surnaturel, on le proclame vaincu ! Vous avez donc complètement oublié l'humanité et son histoire (1)! »

Il en est qui veulent éliminer le surnaturel, parce qu'il est invisible, impalpable ; parce que l'on n'en a pas une intuition immédiate, comme d'une vérité physique. Mais, si l'on veut nier le surnaturel, parce qu'il ne se voit ni ne se touche, il faut aussi nier toute vérité qui ne tombe ni sous le regard, ni sous la main. Si l'on ne veut plus admettre le procédé en vertu duquel on s'élève de l'effet à la cause, du phénomène à la substance, du mouvement à la force, que devient l'âme humaine ? Que devient Dieu lui-même, le Dieu personnel et invisible ? Qui ne voit les ruines s'amonceler ? « Quand la philosophie », dit un libre penseur, « n'a d'autre Dieu que l'univers et d'autre homme que le premier des mammifères, elle n'est plus que de l'histoire naturelle. C'est

(1) *Méditations*, I, première série.

toute la science des époques matérialistés. Et, pour le dire en passant, c'est là que nous en sommes. Mais le matérialisme n'est pas le dernier mot du genre humain. Corrompue et affaiblie, la société s'écroule dans d'immenses catastrophes ; la herse de fer des révolutions brise les hommes comme les mottes d'un champ. Dans les sillons sanglants germent les générations nouvelles ; les âmes éplorées croient de nouveau, elles regardent vers le ciel, elles retrouvent le langage de la prière, l'humanité se relève pour recommencer (1) ».

D'autres repoussent le surnaturel, parce qu'ils le disent inconciliable avec le progrès, avec la marche de l'esprit humain. — On peut demander à ces superbes défenseurs de la raison humaine, si jamais ils ont étudié l'histoire. Où donc est la civilisation ? Où est le progrès dans les arts, dans les lettres, dans les sciences ? Où sont ces génies puissants et complets qui font la gloire de l'esprit humain ? Les trouvez-vous parmi les mandarins du Céleste Empire ? Est-ce chez ce peuple vulgaire, mercantile, grossier, ennemi du surnaturel, que l'on voit fleurir la civilisation, que l'on constate les plus grands développements de la pensée humaine ? Il faut être singulièrement injuste envers tout ce qui est divin, pour ne pas avouer que c'est le christianisme, la religion vivifiée par le surnaturel, qui

____

(1) Schérer, *Mélanges de critique religieuse.*

seule a élevé l'homme à ce degré de supériorité intellectuelle et de perfection morale que nous admirons tous.

Il reste à considérer un dernier argument des naturalistes, peut-être le plus spécieux.

Il est de l'essence de tout privilège, disent-ils, de pouvoir être refusé. Or, puisque l'ordre surnaturel est un don de Dieu, gratuitement surajouté par sa libéralité aux lois et aux destinées de la nature humaine, nous nous en tiendrons à notre condition première; nous estimons grandement notre nature; telle que Dieu l'a faite, nous la trouvons suffisante. Dieu ne nous refusera pas, après une vie honnête, vertueuse, le seul bonheur éternel auquel nous aspirions, la récompense naturelle des vertus naturelles.

Ce raisonnement serait irréfutable, si l'homme était indépendant de Dieu, s'il était son égal. Nous pouvons, en effet, refuser un bienfait offert par nos semblables, si nous ne voulons pas nous laisser imposer les devoirs de la reconnaissance. Mais ne sommes-nous pas les créatures de Dieu, entièrement sous sa dépendance? Dès lors, avons-nous le droit de nous soustraire aux desseins qu'il a conçus à notre égard? Si, pour perfectionner son œuvre, il nous assigne libéralement une fin supérieure à notre nature, nous sera-t-il permis de contrarier ses vues, de bouleverser son plan? Pourrons-nous sans crime travailler à rendre inutile la grande œuvre de l'Incarnation et de la Rédemption ? — Nous sera-t-il possible d'espérer un bonheur même naturel, dans l'autre vie, après nous être ainsi révoltés contre la volonté suprême de notre Créateur.

FIN.

TABLE DES MATIÈRES